CYNNWYS

AWGRYMIADAU CREFFTAU BEIBLAIDD

Gwybodaeth ymarferol ychwanegol

Paent

Mae paent poster yn wych ar gyfer paentio ar bapur a cherdyn, ac i baentio modelau a wnaed o fwydion papur. Maent ar gael hefyd mewn lliwiau metalaidd. Mae paent acrylig yn well ar gyfer wynebau megis y delyn bren.

Bydd angen potyn o ddŵr glân i gymysgu'r paent ac i lanhau'r brwsys. Newidiwch y dŵr yn rheolaidd i gadw'r lliwiau'n gryf. Gellir cymysgu'r paent at balet neu ar hen blât.

Wrth weithio ar ddarluniau manwl o anifeiliaid, ffigyrau neu wynebau (megis y masg llew) tynnwch fraslun ohonynt gyda phensel yn gyntaf, yna lliwiwch hwynt gyda phenseli lliw. Os oes gennych set o baent dyfrlliw a brws mân gallwch eu defnyddio yn lle penseli.

Diogelwch

Dylid defnyddio pob teclyn ac offer gyda gofal a pharch! Gall penseli miniog, sisyrnau a nodwyddau fod yn beryglus os na chant eu defnyddio'n gywir.

Bydd angen oedolyn i gynorthwyo gyda thaclau gwaith coed a thaclau torri.

Os bydd angen defnyddio cyllell grefft gwnewch yn siŵr eich bod yn defnyddio bwrdd torri.

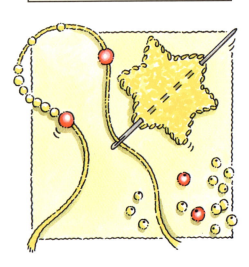

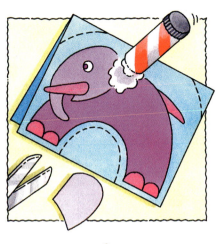
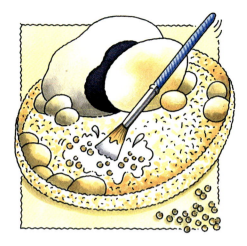
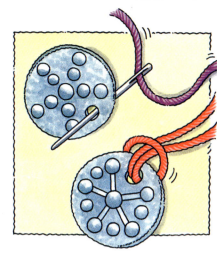

GWEITHGAREDDAU
CREFFT
BEIBLAIDD
LLYFR DAU

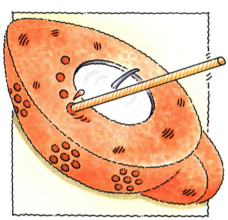

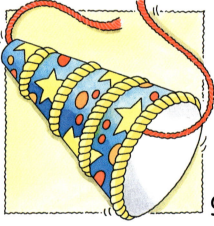

Gillian Chapman
addasiad Cymraeg:
Delyth Wyn

Syniadau am grefft
wedi eu hysbrydoli
gan hanesion o'r Beibl

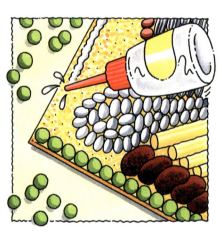

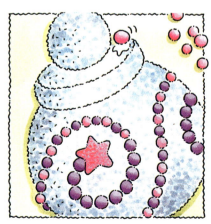

SUT I DDEFNYDDIO'R LLYFR HWN

Ceir yn y llyfr hwn doreth o syniadau ac ysbrydoliaeth ar gyfer eu defnyddio gyda'ch plentyn, grŵp neu ddosbarth Cyfnod Allweddol 2.

Darganfyddwch syniadau newydd ar gyfer paratoadau'r Nadolig a'r Pasg ynghyd ag ar gyfer dod â hanesion yr Hen Destament a'r Testament Newydd yn fyw.

Ceir ystod eang o syniadau, o'r rhai mwyaf syml i'r rhai mwy anodd, ond mae'r pwyslais yn fawr ar ddefnyddio deunydd ac offer rhad, ailgylchu a defnyddio deunyddiau o'r cartref. Bydd y plant yn profi'r wefr o wneud rhywbeth gwych allan o ddim bron.

Er mwyn eich helpu i gadw'r amser paratoi i'r lleiaf posibl mae pob uned yn cynnwys:

* adroddiad bywiog o'r hanes Beiblaidd yn addas i'w ddarllen yn uchel i grŵp
* rhestr o'r deunyddiau fydd eu hangen
* cyfarwyddiadau cam wrth gam eglur
* llun yn dangos sut all y gwaith gorffenedig edrych, rhag ofn na chawsoch amser i'w wneud yn gynharach!

Mae pob un o'r syniadau crefft wedi eu cynllunio a'u profi gan Gillian Chapman, awdures llyfrau crefft adnabyddus. Wrth dynnu ar ei phrofiad helaeth mewn arwain gweithdai plant ar wneud masgiau a chrefftau eraill mae hi wedi llunio adran ddefnyddiol ar Awgrymiadau Crefft Beiblaidd ac

argymhellion diogelwch. Mae'n werth cymryd amser i ddarllen yr adran hon cyn cychwyn.

Gwelir peth o'r cyffro a'r boddhad o grefftau "gwneud" pan fydd plant yn datblygu eu syniadau eu hunain gan ddefnyddio rhai eraill fel sail. Mae rhai plant (ac oedolion hefyd) yn ei chael yn anodd i ddilyn cyfarwyddiadau ac yn colli diddordeb yn fuan os ydynt yn teimlo fod y gweithgarwch yn rhy anodd. Gan gymryd hyn i ystyriaeth, gellir addasu'r rhan fwyaf o syniadau yn y llyfr hwn yn ôl gallu'r plentyn. Er enghraifft, lle gofynnir am wnïo gallwch ddefnyddio glud PVA yn lle hynny, lle gofynnir am arlunio, gellir torri lluniau allan o gylchgronau.

Ceir canllawiau dargopïo a thempledi y gellir eu llungopïo yng nghanol y llyfr fel man cychwyn defnyddiol. Gellir chwyddo'r rhain i gynhyrchu lluniau i lenwi'r wal, colag neu arddangosfa ar gyfer ystafell wely, dosbarth neu eglwys.

Gellir defnyddio prosiectau penodol megis masgiau neu helmedau ar gyfer gwaith drama. Yn dilyn darllen yr hanes a gwneud y grefft gall y plant fwynhau dimensiwn ychwanegol o'r hanes trwy ddrama neu ddawns.

Mae'r posibiliadau o ddefnyddio Gweithgareddau Crefft i ddarganfod y Beibl yn ddiderfyn. Mwynhewch!

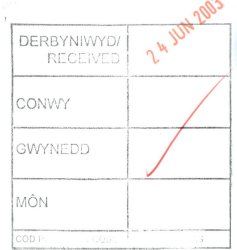

Gludion

Glud PVA yw'r gorau ar gyfer y rhan fwyaf o waith crefft. Gellir ei wanhau ar gyfer gwaith mwydion papur. Gall ludo papur, cerdyn a'r rhan fwyaf o ddefnyddiau – ond dylid ei ddefnyddio'n gynnil. Mae'n golchi i ffwrdd gyda dŵr oer.

Mae ffyn glud yn well ar gyfer gorffeniadau taclus, ond dylid eu defnyddio ar bapur neu gerdyn yn unig.

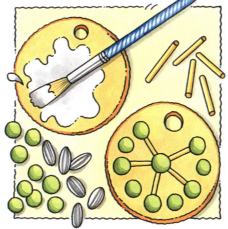

Cadw'n Lân

Gwnewch yn siŵr fod pob arwyneb wedi ei orchuddio â phapur newydd a bod pob dilledyn wedi ei orchuddio a throswisg (e.e. hen grys) neu ffedog. Cadwch hen liain wrth law ar gyfer sychu dwylo sydd heb fod yn hollol lân.

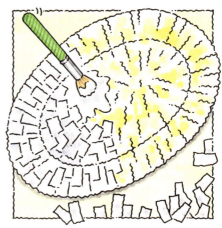

Brwsys

Cadwch frwsys gwahanol ar gyfer paentio a gludo. Glanhewch y brwsys bob amser mewn dŵr cynnes sebonllyd a sychwch hwynt cyn eu cadw.

ARCH NOA

Roedd gan Noa ffydd y byddai Duw'n ei gadw'n ddiogel yn y dilyw.

Dyn da oedd Noa, ond o'i amgylch roedd llawer o ddrygioni.

Roedd Duw wedi creu byd hardd, ond roedd pobl wedi difetha'r cyfan.

Roedd pobl yn ymladd ym mhobman.

Dywedodd Duw wrth Noa fod ganddo gynllun. Roedd am anfon dilyw mawr.

Dywedodd Duw wrth Noa i adeiladu cwch a'i lenwi â dau o bob math o anifail ar y ddaear.

Byddai Duw yn cadw nhw'n ddiogel yn y cwch pan ddeuai'r dilyw.

Adeiladodd Noa cwch pren anferth a elwir yn arch. Gorchuddiodd y cwch â thar i gadw'r dŵr allan. Byddai'n arnofio ar y dyfroedd nes i'r dilyw ddod i ben.

Paciodd Noa fwyd ar gyfer ei deulu a'r holl anifeiliaid.

Roeddent yn barod am y dydd pan ddaeth y glaw a'r llifogydd.

Addawodd Duw eu cadw'n ddiogel.

Bydd arnoch angen:

Dalen o gerdyn lliw tenau maint A3

Dalennau o gerdyn lliw tenau maint A4

Siswrn

Pensel

Ffon lud

Toriadau o bapur lliw ar gyfer addurno

1 I wneud y ffolder, plygwch y ddalen cerdyn A3 yn hanner, pwyswch yn galed ar hyd y plyg ac agorwch y plyg. Cymerwch ddarn o gerdyn A4, ei blygu'n hanner ar ei hyd, ei agor a thorri ar hyd y plyg. Torrwch gorneli uchaf y ddau stribed yma i ffwrdd.

Gwnewch arch a siapiau anifeiliaid i helpu cofio am hanes Noa.

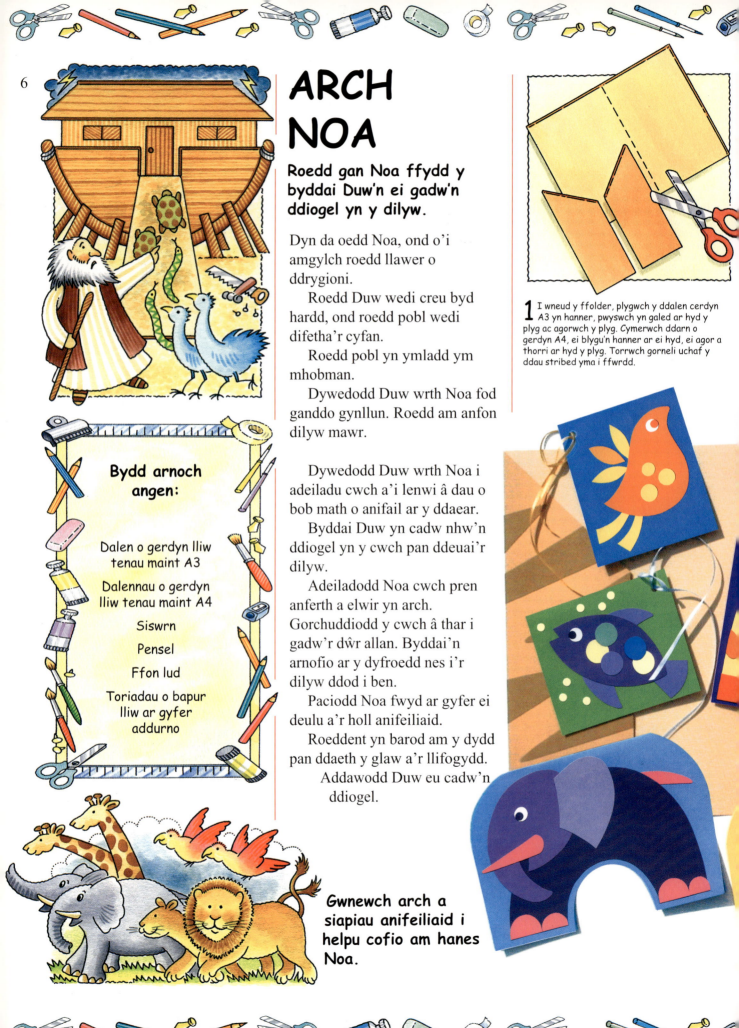

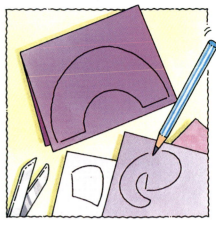

2 Defnyddiwch y ffon lud i daenu rhimyn tenau o lud ar hyd ochr hir a gwaelod y ddau stribed a'u gludo i du mewn y ffolder, fel a ddangosir.

3 Torrwch siapiau allan o'r papurau lliw i addurno clawr y ffolder. Torrwch siapiau'r to a chragen y cwch yn gyntaf a gludwch nhw yn eu lle gyda'r ffon lud. Yna ychwanegwch unrhyw fanylion arall yr hoffech. Peidiwch ag anghofio addurno y tu mewn i'r ffolder hefyd.

4 I wneud y cardiau, torrwch ddarn o gerdyn A4 yn hanner, yn plygwch pob darn yn hanner. Addurnwch y cardiau gyda siapiau anifeiliaid syml wedi eu torri allan o'r papurau lliw. Dechreuwch trwy dynnu llun siapiau cyrff a'u torri ac yna'r pennau. Gosodwch y darnau ar y cerdyn yn gyntaf cyn eu glynu er mwyn gwneud yn siwr eu bod y maint cywir a gwnewch yn siwr fod plygiadau'r cardiau ar y top. Gallwch ddefnyddio'r templedi ar dudalennau 16-18 i'ch helpu.

5 Ceisiwch wneud yr anifeiliaid mor lliwgar â phosibl. Torrwch nodweddion megis clustiau, cynffonnau, cyrn, smotiau a streipiau a defnyddiwch y ffon lud i'w gludo'n daclus yn eu lle. Pan fydd pob darn wedi ei lynu siapiwch corneli uchaf y cardiau a thorrwch y bwlch rhwng y coesau allan, gan dorri trwy'r ddwy ochr i bob cerdyn.

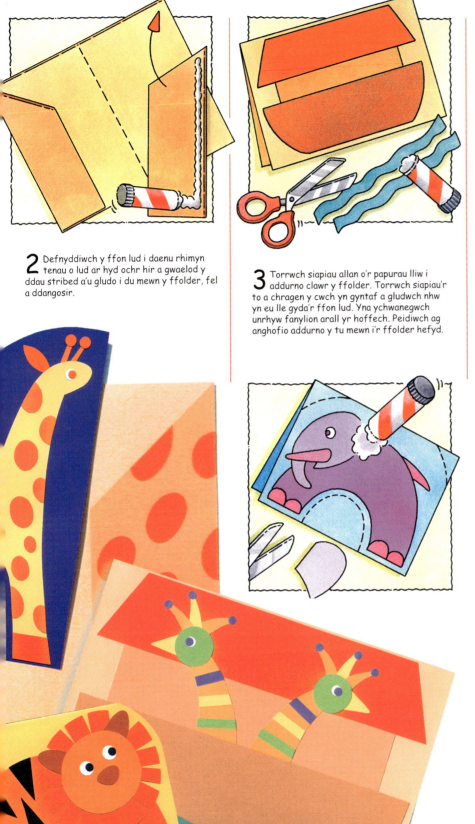

6 Gwneir y cerdyn gyda'r jiráff tal yn yr un modd, ond mae'r plyg yn rhedeg ar hyd yr ochr chwith. Ceisiwch wneud llawer o wahanol fathau o siapiau. Gellir gwneud tagiau anrheg bychain o allan gerdyn trwch sengl gyda chortyn wedi ei wthio drwy dwll. Cadwch eich cardiau anifeiliaid yn y ffolder fel y byddant yn ddefnyddiol ar gyfer anfon i bobl ar eu pen-blwydd.

ADDEWID DUW I ABRAHAM

Dywedodd Duw wrth Abram i gyfrif y sêr yn yr awyr.

Dyn da oedd Abram ac roedd yn caru Duw. Gadawodd ei gartref i ymgartrefu mewn gwlad newydd yr oedd Duw wedi ei dangos iddo.

Addawodd Duw i Abram y byddai ei deulu'n bwysig iawn am lawer o flynyddoedd i ddod. Yr unig broblem oedd fod Abram a'i wraig Sara'n methu cael plant.

Heb blant, ni all eu teulu dyfu unrhyw faint yn fwy.

Ond un dydd dywedodd Duw wrth Abram y byddai'n cael mab a theulu mawr iawn.

'Edrych ar y sêr a cheisia eu cyfrif,' meddai Duw. 'Bydd gennyt gymaint o bobl yn dy deulu â'r sêr y medri weld.'

Dychmygwch syndod Abram am hyn!

Roedd Abram yn hen ŵr erbyn hyn ac wedi meddwl na fyddai byth yn cael plant. Ond roedd ganddo ffydd yn Nuw ac fe gredodd ei addewid arbennig iddo.

Pan oedd Abram yn naw deg naw oed, dechreuodd addewid Duw ddod yn wir!

Rhoddodd Duw enw newydd i Abram – Abraham. A…mab newydd!

Gwnewch y symudyn seren i'ch helpu i gofio addewid Duw i Abraham.

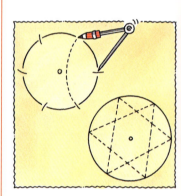

1 Yn gyntaf, bydd angen gwneud templedi siâp seren, Defnyddiwch y cwmpas i wneud llun cylch 15cm ar draws ar y cerdyn. Gan gadw ongl y cwmpas yr un fath, defnyddiwch ef i farcio chwe phwynt o amgylch cylchedd y cylch. Cysylltwch y pwyntiau i wneud seren.

2 Gwnewch ddwy seren yn rhagor allan o gylchoedd 10cm a 5cm ar draws a thorrwch o'u hamgylch. Defnyddiwch y templedi sêr i wneud sêr ffelt. Gosodwch demplad ar y ffelt, gwnewch amlinelliad o'i gwmpas gyda phin ffelt a thorrwch ef allan gyda siswrn. Bydd angen dwy seren 15cm, chwe seren 10cm a chwe seren 5cm.

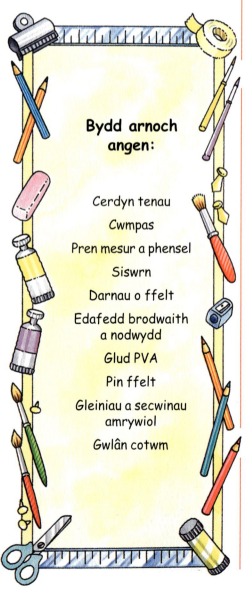

Bydd arnoch angen:

Cerdyn tenau

Cwmpas

Pren mesur a phensel

Siswrn

Darnau o ffelt

Edafedd brodwaith a nodwydd

Glud PVA

Pin ffelt

Gleiniau a secwinau amrywiol

Gwlân cotwm

3 Gosodwch y ddwy seren fawr gyda'i gilydd a gwnïwch o amgylch yr ymylon yn daclus nes y bydd un pwynt i'r seren ar ôl i'w wneud. Stopiwch a stwffiwch y seren ffelt â darnau o wlân cotwm. Peidiwch â gwneud y siâp seren yn rhy dew! Yna gwnïwch y pwynt diwethaf. Gallwch ludo'r sêr gyda'i gilydd yn hytrach na gwnïo.

4 Addurnwch y seren ar y ddwy ochr naill ai trwy wnïo gleiniau a secwinau bychain, neu trwy eu gludo â smotiau bychain o lud. Yna gwnïwch y sêr ffelt eraill gyda'i gilydd yn yr un modd. Gwnewch yr holl sêr yn rhai disgleiriog.

5 Gwthiwch ddarn o edau brodwaith trwy'r nodwydd a gosodwch y gleiniau ar hyd yr edau ac yna gwnïwch seren fechan arni. Gwnewch hyn yn ofalus trwy roi'r nodwydd trwy un pwynt i'r seren a'i thynnu trwy'r pwynt sydd gyferbyn. Yna parhewch i osod gleiniau ar yr edau.

6 Gwnewch dair cadwyn hir o leiniau a sêr gan adael peth edau fel y gellir eu gwnïo ar y seren fawr. Ail osodwch pob edau yn ei dro trwy'r nodwydd a'i wnïo yn sownd i ymyl isaf y seren fawr. Gwnewch yn siwr fod yr holl edafedd wedi eu clymu'n dynn. Gwnïwch ddolen o edau i ben y symudyn a'i hongian i fyny.

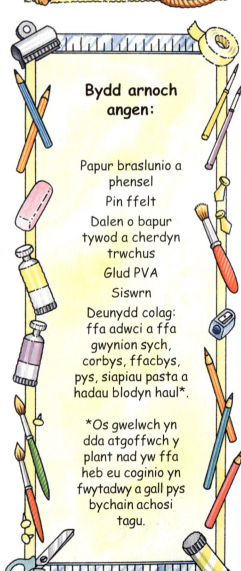

JACOB AC ESAU

Cafodd Esau ei demtio gan gawl blasus!

Gefeilliaid oedd Esau a Jacob, ond doedden nhw ddim yn debyg i'w gilydd o gwbl.

Roedd gan Esau wallt coch ac roedd e'n flewog iawn. Roedd yn heliwr medrus ac roedd wrth ei fodd allan yn yr awyr agored.

Dyn tawel a hoffai aros gartref oedd Jacob. Roedd e wrth ei fodd yn coginio.

Ganwyd Esau yn gyntaf, sy'n golygu pan fyddai ei dad yn marw, Esau fyddai'n derbyn ei holl eiddo a bendith arbennig. Roedd Jacob yn ddistaw bach eisiau cael hyn ac fe gynlluniodd i dwyllo ei frawd.

Un dydd pan ddaeth Esau adref ar ôl bod yn hela, roedd eisiau bwyd yn fawr arno. Gallai arogli cawl blasus roedd Jacob wedi ei baratoi.

'Rho ychydig o'r cawl yna,' gofynnodd i Jacob.

'Iawn os y gwnei di addo gadael i mi dderbyn bendith arbennig Dad,' meddai Jacob.

Ni allai Esau wrthod y cawl mwyach, ac felly addawodd y byddai Jacob yn cael bendith eu tad a phopeth oedd yn eiddo iddo. Y cwbl oedd ar feddwl Esau oedd bwyd!

Roedd Jacob yn falch i'w gynllwyn lwyddo.

Bydd arnoch angen:

Papur braslunio a phensel

Pin ffelt

Dalen o bapur tywod a cherdyn trwchus

Glud PVA

Siswrn

Deunydd colag: ffa adwci a ffa gwynion sych, corbys, ffacbys, pys, siapiau pasta a hadau blodyn haul*.

*Os gwelwch yn dda atgoffwch y plant nad yw ffa heb eu coginio yn fwytadwy a gall pys bychain achosi tagu.

1 Gwnewch fraslun o'ch cynllun ar bapur. Tynnwch lun crochan a llwy fawr. Addurnwch y crochan â phatrymau a thynnwch lun stêm yn codi o'r top. Yna gwnewch forder patrymog o amgylch eich cynllun. Gallwch ddefnyddio'r templed ar dudalen 20.

2 Defnyddiwch y glud i ludo'r papur tywod ar ddarn trwchus o gerdyn a'i adael i sychu. Bydd y papur tywod yn rhoi cefndir ansoddedig da i'r colag. Tociwch y papur tywod i'r un maint a'ch cynllun.

Gwnewch y crochan cawl hwn a meddyliwch am gynllwyn Jacob.

5 Taenwch y glud dros ganol y crochan a llanwch y siâp gyda rhesi o wahanol ffa a siapiau pasta.

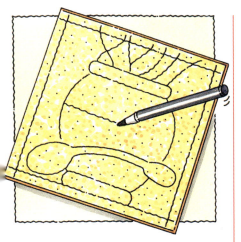

3 Gan ddilyn y cynllun, gwnewch fraslun o'r amlinelliadau ar y papur tywod gyda phin ffelt. Bydd y rhain yn rhoi canllawiau i chwi pan ddechreuwch roi'r colag at ei gilydd.

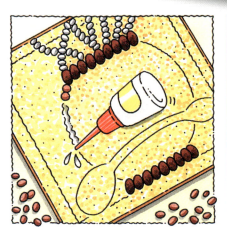

4 Dechreuwch gyda'r prif siapiau. Taenwch y glud ar hyd yr amlinelliadau a phwyswch y ffa i mewn i'r glud. Gweithiwch o amgylch y crochan, llinellau'r stêm a llanwch y llwy fawr.

6 Taenwch y glud ar hyd llinellau'r border patrymog a phwyswch res o ffa o amgylch yr ymyl. Bydd y glud PVA yn sychu'n glir felly nid oes angen poeni y bydd smotiau o lud i'w gweld ar ôl iddo sychu.

BUDDUGOLIAETH GIDEON

'Cleddyf yr Arglwydd a Gideon!'

Roedd Gideon yn arweinydd ar Israel. Gwyddai fod Duw ar ei ochr ef ac y byddai'n ei helpu i guro byddin y Midianiaid.

Rhoddodd utgorn i bob milwr a chawg gyda ffagl yn llosgi ynddo.

'Dyma beth sydd raid i ni ei wneud,' meddai Gideon wrth ei fyddin. 'Pan fyddaf yn dod at ymyl y gwersyll, gwyliwch fi a gwnewch fel y byddaf fi'n ei wneud. Pan fyddaf yn canu'r utgorn, chwythwch y rhai sydd gennych chi a bloeddiwch 'Cleddyf yr Arglwydd a Gideon!'

Felly daeth Gideon a'i ddynion at ymyl y gwersyll yng nghanol y nos. Chwythodd y criw eu hutgyrn a thorri'r cawgiau roeddent yn eu dal. Gwnaeth yr holl filwyr eraill yr un peth.

Torrodd bawb ei gawg, codi ei utgorn a bloeddio 'Cleddyf yr Arglwydd a Gideon!'

Rhedodd eu gelynion i ffwrdd! Roedd Duw wedi helpu Gideon ennill y frwydr.

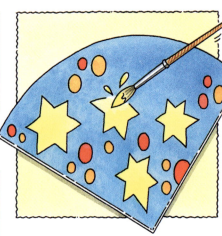

Bydd arnoch angen:

Dalennau o gerdyn tenau a phapur lliw

Pensel

Tâp gludiog clir

Siswrn

Darn o gordyn trwchus

Glud PVA a brws

Pin ffelt du

Cortyn lliw

Paent a brws, sticeri lliw, sêr neu siapiau i addurno'r utgorn

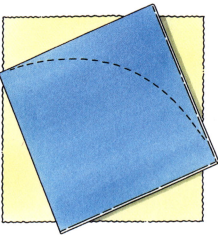

1 Paratowch ddarn sgwâr o gerdyn lliw a gwnewch lun cromlin ar draws cornel, fel a ddangosir. Yna torrwch y darn sydd dros ben gyda siswrn.

2 Os ydych am baentio'r utgorn, mae'n well gwneud hyn tra bo'r cerdyn yn fflat. Gallwch hefyd ei addurno gyda siapiau a sêr lliw neu sticeri os oes rhai gennych.

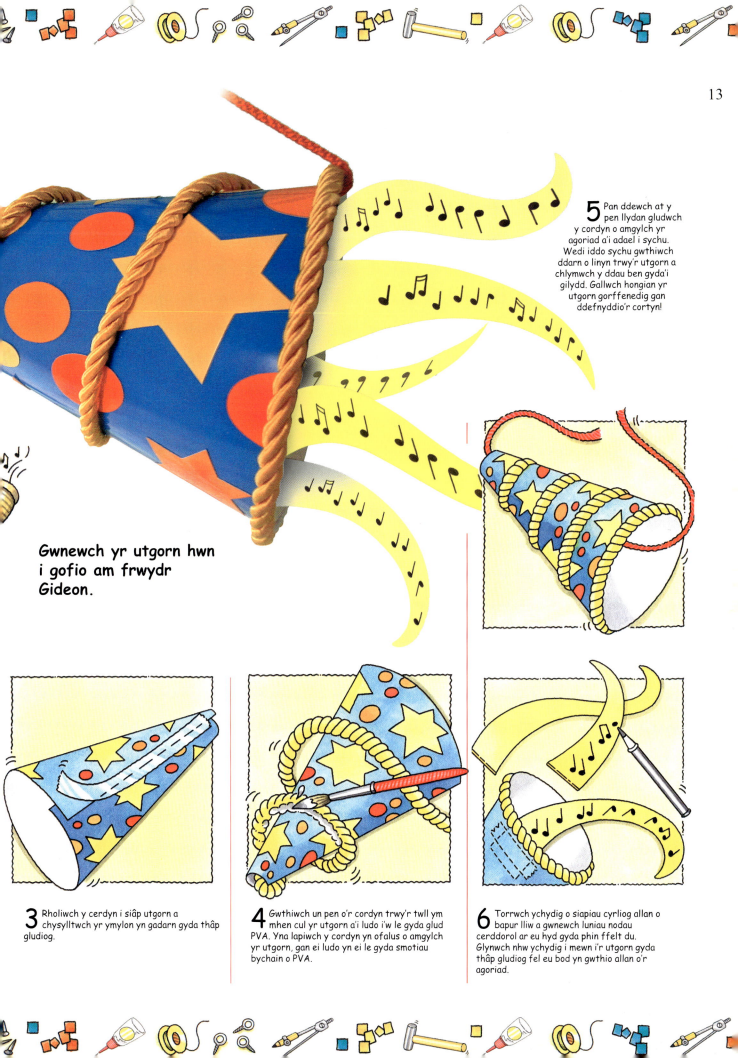

5 Pan ddewch at y pen llydan gludwch y cordyn o amgylch yr agoriad a'i adael i sychu. Wedi iddo sychu gwthiwch ddarn o linyn trwy'r utgorn a chlymwch y ddau ben gyda'i gilydd. Gallwch hongian yr utgorn gorffenedig gan ddefnyddio'r cortyn!

Gwnewch yr utgorn hwn i gofio am frwydr Gideon.

3 Rholiwch y cerdyn i siâp utgorn a chysylltwch yr ymylon yn gadarn gyda thâp gludiog.

4 Gwthiwch un pen o'r cordyn trwy'r twll ym mhen cul yr utgorn a'i ludo i'w le gyda glud PVA. Yna lapiwch y cordyn yn ofalus o amgylch yr utgorn, gan ei ludo yn ei le gyda smotiau bychain o PVA.

6 Torrwch ychydig o siapiau cyrliog allan o bapur lliw a gwnewch luniau nodau cerddorol ar eu hyd gyda phin ffelt du. Glynwch nhw ychydig i mewn i'r utgorn gyda thâp gludiog fel eu bod yn gwthio allan o'r agoriad.

DANIEL YN FFAU'R LLEWOD

Bydd arnoch angen:

Papur braslunio gwyn

Pin rholio a bwrdd

Papur newydd

Paent a brws paent

Raffia a nodwydd fawr heb fin

Darn o elastig tenau

Pensel

Plastisîn a theclyn torri/cyllell heb fin

Haenen lynu (cling film)

Glud PVA a brws

Siswrn

Glanhawyr pibellau

Taflwyd Daniel i'r ffau llewod ond wnaethon nhw ddim ei fwyta!

Cymerwyd Daniel i fyw mewn gwlad yn bell o'i gartref. Roedd e'n caru Duw ac yn gweddïo iddo, ond doedd pobl o'i gwmpas ddim yn hoffi hyn.

Gweithiodd Daniel yn galed ac fe wnaeth y brenin ef yn arweinydd.

Ond roedd gelynion Daniel yn genfigennus ac aethant ati i gynllwynio yn ei erbyn.

Gwnaeth y brenin orchymyn nad oedd neb i weddïo ar unrhyw un heblaw ef am dri deg diwrnod, neu cânt eu taflu i ffau o lewod. Pan

Gwnewch y masg llew hwn a chymryd arnoch fod yn lew yn y ffau.

1 Yn gyntaf, gwnewch gynllun ar gyfer y masg llew. Mesurwch led eich wyneb a thynnwch lun cylch o'r un maint. Ychwanegwch nodweddion: llygaid, clustiau, trwyn, wisgers a mwng. Gallwch ddefnyddio'r templad ar dudalen 19.

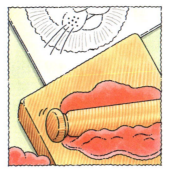

2 Gan edrych ar eich braslun, gwnewch fowld syml plastisîn ar gyfer y masg mwydion.

Rholiwch y plastisîn allan i drwch o 3cm. Torrwch gylch mawr ar gyfer yr wyneb, yna drionglau ar gyfer y clustiau, talp ar gyfer y trwyn a chylchoedd bychain ar gyfer y bochau. Rholiwch siapiau selsig ar gyfer yr aeliau.

4 Rhwygwch stribedi bychain o bapur newydd. Defnyddiwch gymysgedd gwan o lud PVA i orchuddio'r mowld â chwe haenen o bapur. Gwnewch yn siwr fod pob haenen yn gorchuddio yn wastad.

5 Gadewch y masg i sychu. Yna tynnwch yr haenen lynu i ffwrdd yn ofalus er mwyn gwahanu'r masg a'r mowld. Tociwch o amgylch y masg gyda siswrn a thorrwch y tyllau llygaid allan. Paentiwch y masg llew.

3 Defnyddiwch eich siapiau i adeiladu nodweddion y llew a gwnued mowld 3D. Yna gorchuddiwch y mowld plastisîn gyda haenen lynu.

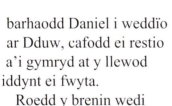

barhaodd Daniel i weddïo ar Dduw, cafodd ei restio a'i gymryd at y llewod iddynt ei fwyta.

Roedd y brenin wedi dychryn am fod Daniel yn ffrind iddo ond gobeithiai y byddai Daniel rywsut yn aros yn fyw.

Pan ddaeth y bore, aeth at y ffau a galw 'Daniel! A yw dy Dduw wedi dy achub?'

Atebodd Daniel, 'Do, rwy'n fyw!' Roedd Duw wedi anfon angel i rwystro'r llewod rhag gwneud niwed iddo.

Rhyddhaodd y brenin Daniel a chosbodd y dynion oedd wedi ceisio ei frifo.

Roedd Daniel yn rhydd i weddïo i Dduw am weddill ei fywyd, ac anrhydeddodd y brenin Duw Daniel a oedd wedi ei achub.

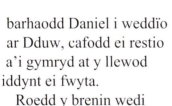

6 Defnyddiwch bensel finiog i wneud tyllau o amgylch y masg. Rhowch y raffia fesul un yn y nodwydd a'u gwnïo trwy'r tyllau, gan eu clymu yn y cefn. Defnyddiwch lanhawyr pibellau ar gyfer wisgers. Gwnewch ddau dwll ar bob ochr i'r masg. Gwthiwch yr elastig drwyddynt a sicrhau ei fod yn ffitio'n iawn.

CANLLAWIAU DARGOPÏO

ARCH
NOA
Tudalen 6

ARCH
NOA
Tudalen 6

DANIEL YN FFAU'R
LLEWOD
Tudalen 14

CANLLAWIAU DARGOPÏO

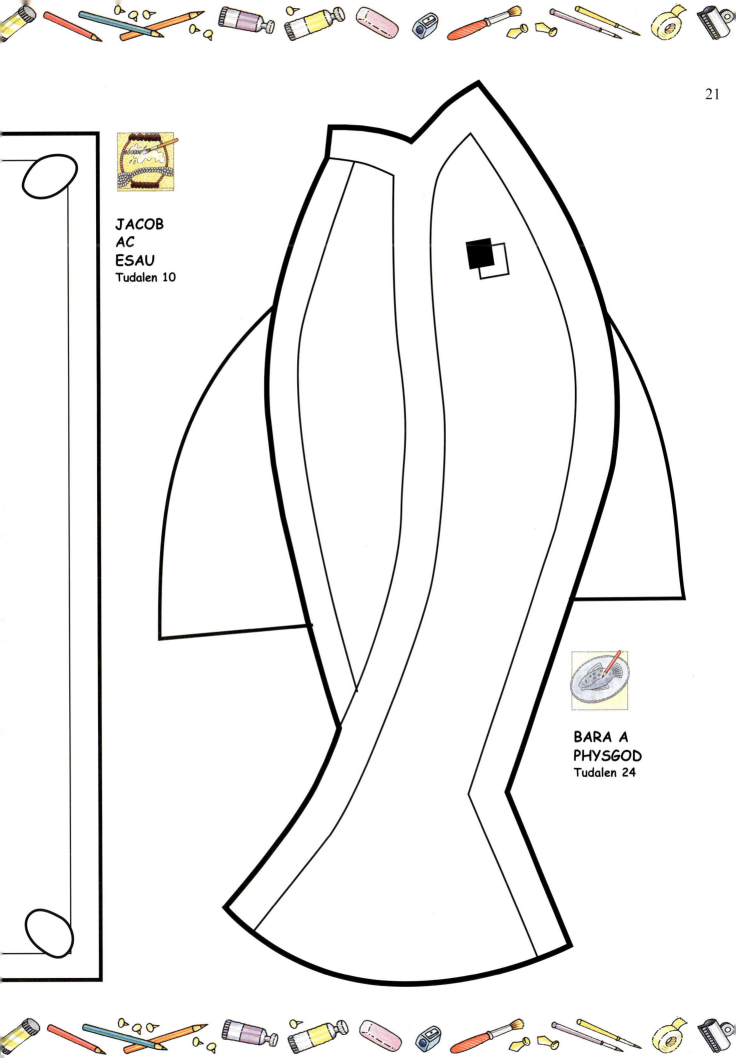

JACOB
AC
ESAU
Tudalen 10

BARA A
PHYSGOD
Tudalen 24

RHODDION Y GWŶR DOETH

Dilynodd Gwŷr Doeth seren ddisglair i ddod o hyd i Iesu.

Cafodd Iesu ei eni ym Methlehem.

Sylwodd Gwŷr Doeth mewn gwlad bell ar seren ddisglair iawn yn yr awyr.

Credai'r dynion fod hyn yn golygu bod brenin newydd wedi ei eni.

Felly aethant ar daith gan ddilyn y seren.

Ar y ffordd, daeth y gwŷr doeth at balas y Brenin Herod.

'A wyddoch chi ble ganwyd y brenin newydd?' holasant.

Nid oedd y Brenin Herod am i frenin arall fod yn ei wlad. Teimlodd yn genfigennus. Gofynnodd i'r Gwŷr Doeth i ddod o hyd i Iesu, yna dychwelyd ac adrodd yn ôl iddo ef.

Dilynodd y Gwŷr Doeth y seren yr holl ffordd i Fethlehem, lle cawsant hyd i Iesu gyda Mair a Joseff. Rhoesant anrhegion arbennig i Iesu – aur, thus a myrr.

Rhybuddiodd Duw y Gwŷr Doeth i beidio â mynd yn ôl at y Brenin Herod, felly aethant adref ar hyd ffordd arall.

Bydd arnoch angen:

Blychau gwag glân, e.e. tiwbiau pethau da neu fisgedi, potiau pwdin plastig, jariau glân neu flychau cosmetig.

Papur cegin neu hancesi papur

Glud PVA a brws

Paent poster metalaidd a brws

Gleiniau, secwinau a rhubanau ar gyfer addurno

Pêl blastig fechan, e.e. pêl ping-pong

1 I wneud blwch anrheg crwn defnyddiwch bot mêl gwydr glân gyda chaead sgriwdop. Tynnwch y caead i ffwrdd, yna brwsio rhan fechan o'r arwynebedd gyda glud PVA. Dechreuwch lynu doriadau bychain o bapur cegin ar y glud, ond ceisiwch osgoi gludo'r papur i'r ymyl sgriwdop.

2 Parhewch i orchuddio arwynebedd y potyn, gan sicrhau fod y papur yn aros yn grychlyd. Gorchuddiwch y caead hefyd. Pan fyddant wedi eu gorchuddio gadewch iddynt sychu, yna ychwanegwch ragor o haenau i greu effaith mwy crychlyd.

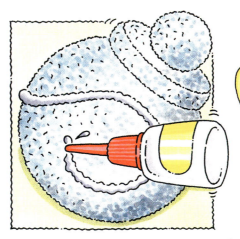

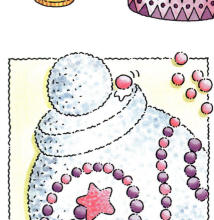

3 Gludwch y bêl blastig ar y caead a'i gorchuddio â glud PVA a phapur. Wedi i'r glud sychu paentiwch y pot a'r caead gyda'r paent poster arian.

4 Nawr gallwch addurno'r potyn gyda gleiniau a secwinau. Os oes gennych lud PVA mewn potel gyda ffroenell, defnyddiwch y ffroenell i wneud patrymau chwirlïog ar ochr y potyn, neu defnyddiwch y brws glud i wneud y patrymau. Yna dechreuwch bwyso'r gleiniau a'r secwinau i mewn i'r glud.

Gwnewch y blychau anrheg hyn a meddyliwch am y rhoddion arbennig a roddwyd i Iesu.

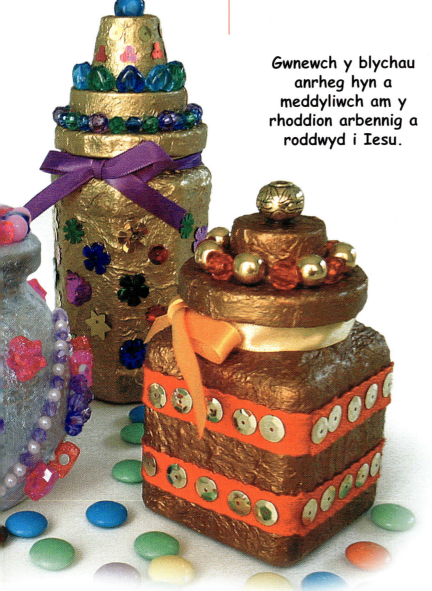

5 Gadewch i'r gleiniau a'r secwinau ar un ochr y potyn i sychu cyn parhau ar yr ochr arall, neu bydd perygl i chwi ddisodli'r patrymau cyn iddynt gael y cyfle i sychu. Cofiwch addurno'r caead!

6 Lluniwch flychau anrheg eraill gan ddefnyddio blychau siapiau gwahanol. Rhowch uchder a siâp ychwanegol i'r caeadau trwy lynu gaeadau bychain a thopiau poteli. Gorchuddiwch nhw gyda'r papur gludiog, eu paentio gyda phaent metalaidd aur neu efydd a'u haddurno â rhubanau gwahanol liw a gleiniau.

BARA A PHYSGOD

Iesu'n bwydo mwy na phum mil o bobl!

Un tro roedd Iesu yn siarad â thorf fawr o bobl. Roedd yno ddynion, merched a hyd yn oed blant. Roeddent wedi bod yn gwrando arno trwy'r dydd ac roedd eisiau bwyd arnyn nhw.

Meddyliodd ffrindiau Iesu y dylai'r bobl fynd oddi yno a phrynu bwyd, ond roedd Iesu am roi bwyd iddynt.

'Pa fwyd sydd gennych chi?' gofynnodd i'w ffrindiau.

'Dim ond pum torth a dau bysgodyn,' oedd eu hateb.

Yna gwnaeth Iesu rywbeth anhygoel! Rhannodd y bwyd â phawb!

Aeth pawb adref wedi cael digon ac roedd deuddeg basged o fwyd dros ben.

Bydd arnoch angen:

Plât plastig hirgrwn

Papur newydd

Paent llwyd a brws paent

Pensel

Farnis (opsiynol)

Olew coginio a haenen lynu (cling film)

Glud PVA a brws

Siswrn

Lluniau lliw o gylchgronau

1 Defnyddiwch y plât plastig fel mowld. Irwch y plât yn ysgafn ag olew coginio a'i orchuddio â haenen lynu. Yna gorchuddiwch y plât â chwe haenen o stribedi papur newydd, wedi eu gludo â glud PVA dyfrllyd. Hwn fydd yn ffurfio plac y mosäig.

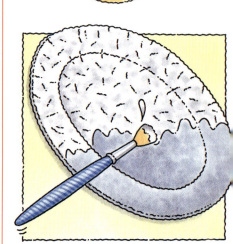

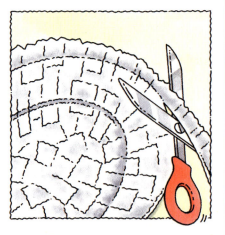

2 Gadewch i'r plac papur sychu dros nos, yna tynnwch ef oddi wrth y plât drwy dynnu'r haenen lynu i ffwrdd. Tacluswch y plac trwy docio o amgylch yr ymyl gyda siswrn.

3 Dewiswch liw llwyd naturiol i baentio'r plac. Hwn fydd y lliw sylfaen i'ch pysgodyn mosäig.

Gwnewch y pysgodyn mosäig hardd hwn i'ch atgoffa o sut wnaeth Iesu fwydo'r bobl.

4 Gwnewch fraslun o amlinelliad y pysgodyn ar y plac gyda phensel. Ychwanegwch fanylion megis y llygad, esgyll a chynffon a gwnewch forder o amgylch ymyl y plac. Gallwch ddefnyddio'r templed ar dudalen 21.

5 Torrwch sgwariau o bapur lliw o gylchgronau lliw. Gosodwch y sgwariau papur yn grwpiau o liwiau tebyg.

6 Dilynwch linellau pensel y pysgodyn, a gludwch y sgwariau gyda glud PVA. Adeiladwch y patrwm mosäig, gan gorgyffwrdd y sgwariau os oes angen. Yn olaf, gallwch farnisio'r plac gorffenedig i gryfhau ac amddiffyn y mosäig.

Y GENETHOD DOETH A FFÔL

Roedd pum geneth yn barod ar gyfer y briodas ond doedd pump arall ddim yn barod!

Bydd arnoch angen:

Clai sy'n caledu ei hun

Canhwyllau bach (night lights)

Taclau cerfio plastig a chyllell blastig i siapio a thorri'r clai

Sbwng bach a dŵr

Paent a farnis

Adroddodd Iesu hanes am ddeg geneth mewn priodas:

'Un tro roedd deg geneth oedd i fod i gyfarfod y priodfab ar y ffordd i'r briodas. Aethant â'u lampau olew gyda nhw i oleuo'r ffordd. Ond doedd yr olew ddim yn para'n hir yn y lampau.

Cofiodd pump o'r genethod i ddod ag olew ychwanegol gyda nhw. Ond roedd y pump arall wedi ei anghofio. Diffoddodd eu lampau ac roedd rhaid iddyn nhw redeg oddi yno i nôl rhagor.

Tra roeddent i ffwrdd, cyrhaeddodd y priodfab. Roedd y pump oedd â lampau yn llosgi yn ddisglair yno i'w gyfarfod ac aethant gydag ef i'r briodas. Cafodd y drws ei gloi.

Pan ddaeth y pump arall yn ôl, roeddent yn rhy hwyr i'r briodas!'

1 Cymerwch y clai sy'n caledu ei hun a'i dylino yn eich dwylo nes iddo ddod yn feddal. Gwnewch gylch o glai tua 1cm o drwch a 10cm ar draws. Hwn fydd sylfaen y lamp.

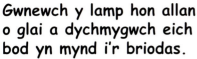

Gwnewch y lamp hon allan o glai a dychmygwch eich bod yn mynd i'r briodas.

3 Mowldiwch siâp y lamp gyda'ch bysedd. Gwlychwch wyneb y clai gyda sbwng gwlyb i'w wneud yn haws i'w weithio a'i siapio.

5 Parhewch i lyfnhau ochrau a thop y lamp gyda'ch bysedd. Gwnewch siâp pig trwy binsio ochr y lamp gyferbyn â'r ddolen. Bydd cadw'r lamp yn wlyb yn ei wneud yn haws i lyfnhau'r wyneb

2 Gosodwch y gannwyll yng nghanol y sylfaen. Defnyddiwch ddarnau bychain o glai i adeiladu ochrau'r lamp, gan gadw'r gannwyll yn ei lle yn y canol.

NODYN DIOGELWCH

Mae'r lamp glai wedi ei chynllunio i ddal cannwyll sydd wedi ei chynnau mewn ffordd ddiogel – OND ni ddylid ei chynnau heb oruchwyliaeth oedolyn na'i gadael ynghyn heb neb yn gofalu amdani.

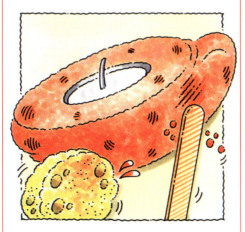

4 Gwnewch ddolen i'r lamp allan o ddarn o glai. Gwlychwch ochr y lamp a glynwch y ddolen, yna llyfnhewch dros yr uniadau gyda'r taclau a'r sbwng gwlyb.

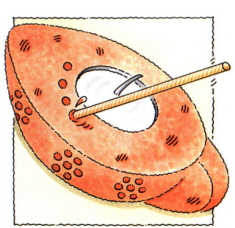

6 Gwnewch ryw batrwm syml ar y lamp gan ddefnyddio'r taclau a'i gadael i sychu. Gellir gadael y lamp yn ei gorffeniad clai naturiol neu gellir ei farnisio a'i phaentio.

Y DARN ARIAN COLLEDIG

Adroddodd Iesu y stori hon i ddangos bod pawb yn arbennig i Dduw.

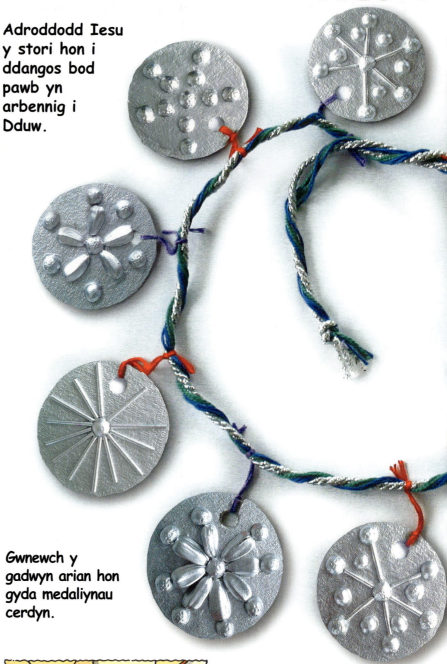

Bydd arnoch angen:

Cwmpas
Pensel
Pren mesur
Cerdyn caled
Siswrn
Glud PVA a brws
Darnau o gordyn lliw ac edau drwchus
Pwnsh twll sengl
Nodwydd fawr heb fin
Paent poster arian a brws
Pys hollt, sbageti a hadau blodyn yr haul ar gyfer addurno

Gwnewch y gadwyn arian hon gyda medaliynau cerdyn.

1 Defnyddiwch y cwmpas i dynnu llun deg cylch ar y cerdyn, pob un â diamedr o 5cm. Torrwch nhw allan yn daclus gyda'r siswrn. Defnyddiwch y pwnsh twll sengl i wneud twll ym mhob cylch.

2 Brwsiwch lud PVA ar bob cylch a defnyddiwch y pys hollt, hadau a sbageti yng nghanol bob cylch. Bydd y siapiau hyn yn creu cynllun codi deniadol ar bob darn arian felly peidiwch â phoeni am smotiau ychwanegol o lud!

'Roedd gan wraig ddeg darn arian.

Collodd un darn a cheisiodd ei gorau i ddod o hyd iddo.

Cyneuodd lamp, ysgubo ei thŷ a chwilio ym mhobman amdano.

Yn sydyn, daeth o hyd iddo! Dyna lle'r oedd, yn pefrio yng ngolau'r haul.

Galwodd y wraig ar ei ffrindiau a chymdogion a dweud,

"Beth am gael parti! Rwyf mor llawen fy mod wedi dod o hyd i fy narn arian coll!"

Yn yr un modd, mae Duw yn falch iawn pan fo unrhyw un yn troi i'w ddilyn ef.'

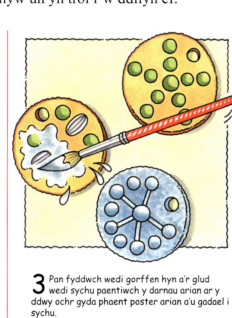

3 Pan fyddwch wedi gorffen hyn a'r glud wedi sychu paentiwch y darnau arian ar y ddwy ochr gyda phaent poster arian a'u gadael i sychu.

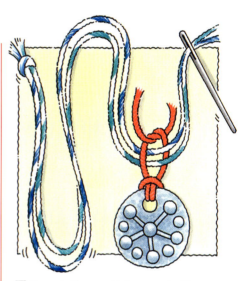

5 Torrwch ddau neu dri darn o gordyn lliw tua 80cm o hyd a chlymwch nhw gyda'i gilydd ar un pen. Clymwch y darnau arian yn sownd i'r cordyn.

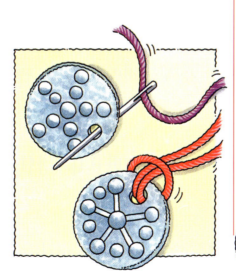

4 Gwthiwch y nodwydd gydag edau 12cm o hyd trwy'r twll yn y darn arian cyntaf ac yna dolennu'r edau o amgylch y twll. Gwnewch hyn gyda phob darn arian.

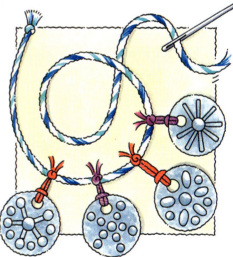

6 Gosodwch y gadwyn orffenedig o amgylch eich gwddf, clymwch y ddau ben yn ei gilydd a thociwch unrhyw ddarnau sydd dros ben. Gallwch arbrofi trwy wneud cadwyni eraill gyda llawer mwy o ddarnau arian wedi eu haddurno mewn ffyrdd eraill.

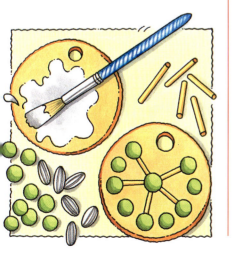

MAE IESU'N FYW!

Y bedd gwag

Roedd hi'n dri diwrnod ers i Iesu farw ar y groes. Roedd ei holl ffrindiau yn drist a heb wybod beth i'w wneud nesaf. Aeth rhai o'r merched at ei fedd yn gynnar ar fore Sul ond cawsant syndod! Roedd y garreg fawr a gafodd ei defnyddio i gau mynedfa'r bedd wedi ei rholio i ffwrdd!

Y tu mewn i'r bedd, roedd corff Iesu wedi mynd. Y cwbl oedd ar ôl oedd darnau o ddefnydd oedd wedi eu defnyddio i lapio'r corff. Yn sydyn ymddangosodd dau ddyn mewn dillad disglair.

'Peidiwch ag edrych am Iesu yma,' meddent. 'Mae'n fyw!'

Ni allai'r merched ei gredu! Rhedasant adref ar unwaith a dweud hyn wrth ffrindiau Iesu.

Yn fuan daethant i weld Iesu eto drostynt eu hunain. Roedd yn wir! Roedd Iesu'n fyw!

Bydd arnoch angen:

Caead mawr crwn (un blwch bisgedi fyddai'n addas)

Paent poster du, brown a gwyn a brws

Casgliad o ddarnau bychain o risgl wedi sychu a phriciau

Casgliad o flodau ffres, dail a mwsogl

Casgliad o gerrig a cherrig mân*

Gro mân*

Glud PVA a brws

Papur cegin

*Gofal iechyd a diogelwch: dylid golchi'r deunyddiau hyn yn drwyadl cyn i'r plant eu cyffwrdd.

1 Yn gyntaf bydd angen cuddio'r caead tun sgleiniog. Torrwch ddarnau mân o bapur cegin a'u gludo i du mewn ac ymyl y caead gyda'r glud, gan roi ansawdd garw i'r wyneb.

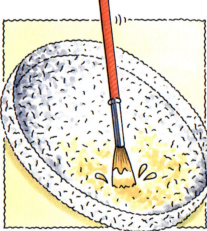

2 Gwnewch yn siwr fod yr wyneb sgleiniog wedi ei gorchuddio'n llwyr, yn enwedig o amgylch y tu allan i'r ymyl, yna gadewch iddo sychu.

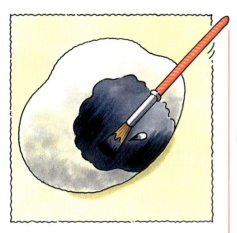

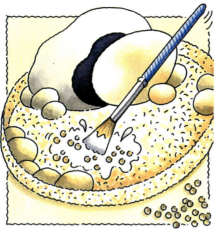

3 Gall y garreg fwyaf gynrychioli'r bedd. Defnyddiwch y paent du i baentio siâp crwn ar ochr y garreg i gynrychioli'r fynedfa i'r bedd.

4 Gosodwch y garreg fawr ar y caead a chwiliwch am garreg arall i gynrychioli'r garreg fyddai wedi ei rholio o flaen y fynedfa. Gludwch y rhain yn eu lle gyda'r glud.

5 Gosodwch weddill y cerrig mân o amgylch ymyl y caead ac yn agos at y cerrig mwy a'u gludo yn eu lle. Yna brwsiwch y tu mewn i'r caead â'r glud a gwasgarwch y gro mân ar y glud.

Gwnewch yr ardd finiatur hon i ddangos bedd gwag Iesu.

6 Gosodwch y darnau bychain o risgl sych, priciau, blodau bychain, dail a mwsogl yn eich gardd Basg.

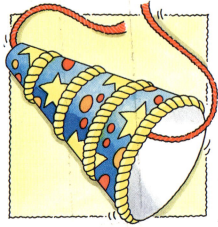

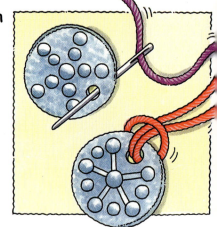

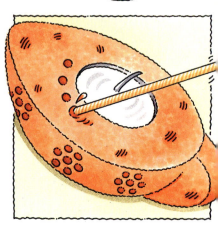

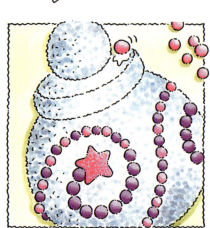

Ble i ddod o hyd i'r hanesion yn y Beibl

Arch Noa
Genesis 6:12 – 8:22

Addewid Duw i Abraham
Genesis 13; 21:1-7

Jacob ac Esau
Genesis 25:24-34

Buddugoliaeth Gideon
Barnwyr 7:17-25

Daniel yn ffau'r llewod
Daniel 6

Rhoddion y gwŷr doeth
Mathew 2:1-12

Bara a physgod
Mathew 14:14-21

Y genethod doeth a ffôl
Mathew 25:1-13

Y darn arian colledig
Luc 15:8-10

Mae Iesu'n fyw!
Luc 24:1-12

ⓑ Cyhoeddiadau'r Gair 2002

Testun gwreiddiol: Gillian Chapman
Darluniau gan Gillian Chapman
Addasiad Cymraeg gan Delyth Wyn
Dymuna'r cyhoeddwyr gydnabod cymorth
Adran Olygyddol Cyngor Llyfrau Cymru
Golygydd Cyffredinol: Aled Davies
Cyhoeddwyd yn wreiddiol gan ADP Ltd

ISBN 1 85994 443 4
Argraffwyd yn Tsieina

**Cyhoeddwyd gan:
Cyhoeddiadau'r Gair,
Cyngor Ysgolion Sul Cymru,
Ysgol Addysg, PCB, Safle'r Normal,
Bangor, Gwynedd, LL57 2PX.**

2597520 X